목소리

김청연 조주안 신모과 이승우 조민주 여진 혜월 최현서 수현 정호준 재인 이암도 박인화 무아 김캐슈넛 김민주 정영훈 홍예진 라은아 김유비 소하 김범석 안소연 연하기 꽃처럼,썬 정성주 양냥이 유월의봄 노경민 림 동자 시인파도 박설하 이현아 임동영 김근호 유주 지인 이다빈 이윤정 최규석 winter.k 김라면 박예지 현영 기묘한 felix 수빈 최예지 연우 손민지 이은수 연지 조보경 경예 마윤석 고온 9958 -

성대의 떨림이 마음의 울림이 될 수 있게

2021년 6월

I

파도의 주인 김청연	13
한마디 조주안	14
아무것도 아닌 신모과	15
먹먹 조민주	16
떨림은 이승우	18
마치 초생달빛 밤을 여진	19
내게 닿고 싶다 혜월	20
외로움 깨어주는 소리 최현서	22
사탕 박인화	23
소녀의 수첩 수현	24
가 정호준	26
목, 소리 재인	28
하늘, 파란색 고음 이암도	29
이명 무아	30
필름에 담아낸 것은 사진 뿐만이 아니였다 김캐슈넛	32
별별소리 김민주	34

파도 정영훈 36
잃어버린 전시회 홍예진 38

II
알맹이 김유비 43
산하엽 라은아 44
영의 대화 소하 46
여름의 이름 김범석 47
마리오네트 인형 안소연 48
꽃들의 음성 꽃처럼, 썬 49
숨음 연하기 50
목소리, 봄 정성주 52
꿈속, 그대의 양냥이 53
준비운동 유월의봄 54
발성학원 노경민 56
결국엔 사랑 림 58

소란 시인파도   59

심어둔 이명 동자   60

일방적 대화 박설하   62

너를 듣다 이현아   64

바람 임동영   67

목소리 김근호   69

III

부를 수 없는 이름 유주   73

바스락 지인   74

색청 이다빈   75

영원 이윤정   76

허기지다 최규석   77

빈 소리 winter. k   78

인어 박예지   79

네가 들리지 않으면 좋겠다 김라면   80

이 떨림은 너일까 나일까 현영	82
그리운 목소리 felix	83
새파란 기묘한	84
목소리 수빈	86
목소리의 잔상 최예지	87
음성 메세지 연우	88
약속은 이유가 없기도 하지요 손민지	90
울음과 물음 사이 이은수	92
미수에 그친 애정이 창틈으로 울었다 조보경	93
울음 꽃 연지	94
음성 사서함 경예	96
흔적 마윤석	98
비명 고온	99
言의 游泳 9958	100
	102

*작가명은 작품 첫 장의 쪽 번호 옆에 표기하였습니다.

I

파도의 주인

지난여름 바닷가에서 가져온
소라고둥에 귀를 기울이면,
그 석회 덩어리에서는 파도 소리가 밀려온다

그것은
바다의 목소리일까 소라의 목소리일까

어쩌면 바다의 외롭고 오랜 독백에
내내 홀로 답하던 소라의 목소리일지도 몰라
바다를 닮은 언어로, 온몸을 울려가며

나는 문득 궁금해지고
이내 참을 수 없이 그리워져,
바다로 되돌아가고 마는 것이다

고둥 속의 그 파도 소리는
바다의 목소리일까 소라의 목소리일까

한마디

마음에 가득 차서
한 숨결에
터져 나오는
나의 한마디는

나도 몰랐던
나의 이야기
조용히 울리는
나의 소리는

한 세상을 꿈꾸고
한 마음을 지키고
한 순간을 만들고

그 작디작은
소리들이 모인
그 한마디는

나를 숨 쉬게 한다

아무것도 아닌

아무것도 아닌 내가 목소리를 내고 싶어서
전부 털어놓고 싶어서
나와 같은 사람이 있다면 꼭 끌어안고
나도 너와 같다고 말해주고 싶어서

먹먹

소리 분자는 없어지지 않고
영원히 쪼개지며 퍼진다
언젠가 닿기를 바라는 목소리
하지만 고작 어항 속의 외침에 돌아오는건…

나는 세면대에
금붕어 호흡을

파 아- 파 아

물방울에
소리 없는 입모양을

파- 아- 파- 아

파동을 타고
바다에 닿을 때까지

파- 아 - 파 - ㅇ ㅏ -

- ㅓ ㅇ - ㅓ ㅍ - ㅓ ㅇ - ㅓ ㅍ

수돗물이 쓰다

떨림은

공기 위 작은 떨림은
내 양 볼에 부드럽게 타고 올라와
내 구레나룻을 지나
내 편견 앞에 멈춘다

편견이 뱉어내는 반동에
떨림은 순간의 반란이 됐다

나는 이제 귓속의 흉물을 걷어낸다

마치 초생달빛 밤을

흔들림은 목소리에 차올랐다.
눈에는 달이 떴다.
초생달에 구름을 머금어
안개처럼 눈을 부셨다.
내 하루 언제 달이 떴던가 싶더라도
당장 떠오른 달, 그 빛에 울음이 맺었다.

어둑한 밤하늘,
속의 별빛 밤을 마치 멀리하는 듯이
내 목소리에 아스라한 달빛만이 차올랐다.

내게 닿고 싶다

그토록 담고 싶은 것은
내 안의 있음을 짐작하면서도

잠식된 나의 목소리는
내 안에 맺혀있을 뿐
내 안에서 커질 뿐
세상 밖으로 나가지 못했다

초라함을 마주하고 싶지 않아
외면했던 나의 목소리의
끝

그 끝에 내고 싶은 것은
나 그대로를 인정하는
한 낱의 말들임을

그 끝에 하고 싶은 것은
온전히 목소리를 담아
나에게 닿는 것임을

이미 알고 있었는지도 모른다.

여전히 써 내려감은
내 목소리를 직접 마주하지 않기 위한 도피이나
또 다른 나아감

그렇게
나의 잠식에 닿아보려 한다

여전히 아득한 나의 목소리
흐릿할 것을 짐작하면서도
이내 나에게 닿고 싶을 뿐이다

외로움 깨어주는 소리

차고도 조용한 느낌이다.
마치 얼음판 아래 세상에 있듯이.
처음엔 그리 답답하지 않았다.
두껍지 않은 얼음, 깨고 나가면 그만이었기에.
단지, 나 없을 얼음 위 세상에서 누군가 빈자리를 찾아줄까 궁금했다.

외로움

그저 혼자 이곳에 앉아있어 쓸쓸한 것이 아니다.
그런 바람처럼 왔다가는 기분이 아니다.
나를 찾는 소리 없음에 눈물 어린 공허함이 스치는 듯
다시 돌아오는 감정이다.
이 가슴 한 켠이 아리도록 조용한 세상에서 언제 나가려나
오늘도 가만히 앉아 기다린다.
날이 갈수록 두꺼워만 가는 얼음 속 나를 찾아줄
한 줄기의 목소리를,

사탕

저마다의 목소리는
사탕처럼 입에서 굴려져.

때로는 달콤하고
때로는 신맛을 내는
작은 동그라미.

사람마다 색도 달라.

사랑을 하는 이는
따뜻한 분홍빛의 소리가,

이별을 겪은 이는
어두운 잿빛의 소리가.

나의 사탕은 순백, 그래 하양이다.
남에 의해 색이 칠해지는
그래, 나의 사탕은 도화지의 하양이야.

소녀의 수첩

소녀는
허무하게 무너지는 음성音聲들이 싫었다.
날아드는 말들을 붙잡고 온종일
울고 생각하기에 바빴다.
풀벌레 울음 잦은 날에도
올빼미 울음 퍼진 날에도
소녀는 생각에 헤엄하기 바빴다.

그래서
소녀는 무언無言의 펜으로
사랑하는 사람들의 말을 적어내기 시작했다.
종이에 잡아둔 말소리가 사랑스러워
번지는 잉크들이 마르기 전에
종이를 가슴에 당겨 안았다.
음성은 가슴에 묻은 잉크 자국이 되어
더 이상 허무하게 무너지지 않았다.
날아든 말은 소녀에 내려앉아
사랑스러운 시詩가 되었다.

말소리가 밴 종이의 새벽은
그 누구도 소리 낼 수 없었다.

가

'가'에서 '하'까지
더듬더듬 발음하던 시간
있었지

'아'에서 '이'까지
삐뚤빼뚤 써 내려간 기억
있었지

다 소용없어
그런 거, 의미 없어

가, 가, 가버려

가라고
보내놓고
먼저 가라고 소리쳐 놓고서

다시 배우는
다시 익혀야 하는 언어

'가'에서 '하'까지
'아'에서 '이'까지
아니, 아니
그것이 아니라

이제는
'이'에서 '별' 사이
'아' 또는 '슬'에서 '픔'으로 끝나
마침표 꽈악- 찍는 고독을

고통을 와르르르
어금니 깨물며
수행처럼 되새김질하는
침묵
가, 가, 가버려

어서 가버렸으면 하는
세월
허송세월을

목, 소리

마음속
한데 모은 말들을
힘껏 밀어 올린다

밀어 올려
툭,
놓는다

허공에 부딪혀
툭,
말들이 터져 나온다

하늘, 파란색 고음

저음, 중저음, 중고음 그리고 고음.

어렸을 적 나의 목소리는 하늘색 고음이였고
덕분에 합창을 하면 늘 관중들의 눈에 띄었다.

하지만 수화기 넘어 들리는 목소리는
사람들에게 오해를 사기에 충분했고
나는 그런 상황을 굉장히 싫어했던 게 기억난다.

그런 난 대중에게 목소리를 최대한 낮은
목소리를 내기 위해 깊은 바다속으로 잠수했다.

사춘기가 지난 내 목소리는 여전히 높은 편이지만
하늘색은 깊게 물들어 바다의 파란색으로 변했다.

바다의 넓은 이해심과 깊은 매력으로
마음을 치료해주고 싶은 아름다운 바다의 파란색 고음.

이명

언제 밖으로 나왔는지
가늠할 수 없이
갈라진 목소리는

둔탁했고
찢어질 듯했다

목이 아픈 건지
악을 쓰는 건지
구분조차 어렵다

지금에서야
귓가로 들어와
존재를 알리는 것일까?

지금에서야
바라봐
알게 된 걸까?

모르겠다
그저
귓가에 갈라진 쇳소리만
맴돈다

필름에 담아낸 것은 사진 뿐만이 아니였다

 아버지의 카메라는 묵직하고 흐렸으며 연약했다 빛을 갈구하다 흘려버린 것은 순간에 얼룩져 남았다
 아버지의 카메라는 맞지 않는 옷을 입은 유아같이 거대한 눈을 가지고 있었다 여기를 이렇게 돌리면 확대가 되고 빛이 더 필요하고 둔감해져요, 예정된 운명에도 저항하지 않고 넌 언제나 이것에 안주安住했지
 모든 걸 헐벗어줘도 결국 한 줌만 손 아귀에 가지고 달려가는 습관을 못 고치고
 미시微視의 소리를 읽는 풀이 과정을 남긴 채 당신은…….
 수국이 피었다 오늘도 늙은것에 물을 준다 당신의 냄새를 맡았다 떨려오다 이윽고 잠잠해진다 당신이 입을 뗀다 목소리가 들리고
 솔직해질게요 적당히 그리워했어요 우리 마음의 각주는 다 당신이 달아뒀더라고요 요즘은 기술도 참 좋지! 만지면 자동으로 당신이 튀어 오르더라고요
 당신은 요즘 나온 유행어를 난데없이 붙이며 물 맺힌 커피캔을 빠르게 마셔갔다 미지근한 콧김에 푸른 캔에 흰 김이 생긴다

붉은 빛의 도시 이국의 색 낯선 느낌의 공기와 외지인들
  차 막히는 좁은 길옆을 지나가며 목에 당신을 칠해 부드럽게 한다 떨림은 부차적이지만 필연적이다 마치 떨리는 손 위의 카메라처럼 당신은 나의 팔을 잡아주었지 흔들림으로 흔들림을 지우는 것, 이것을 리덕션이라고 할까요 캔슬링이라고 할까요

  첫 번째 카메라 셔터 소리
  당신을 만나고 두 번째 대화
  우리의 목소리가 온 몸에 짙게 발라지는 여름밤

별별소리

새하얀 심장이 숨을 고른다
창가에 호-하고 분 입김만큼 보일락말락 부옇고
늙은 뱀비늘이 드문드문 돋아 언제 닦았는지
기억도 안 나는 까만 밤의 유리창 위

물 한번 시원하게 끼얹으면 사라질
눈 한번 크게 안 뜨면 보이지도 않을 먼지가
날 지나치지 말아달라 속삭이는데

한 때 지구를 구했던 왕년의 용사는
스스로 눈멀게 한 바다의 물안개 속에서
눈치로 질척거리고 침묵으로 철벅거린다

별 소리가 다 들린다며
발가락 사이를 정성스레 벌려 낀 모래를 털자
비행 청소년들이 칙 탈출시킨 캔맥주 뚜껑만큼의 숨 쉴 공기와
곧 고꾸라질 인공별이 타다닥 미래를 좀먹는다

여름밤 미처 증발 못한 별별 소리가
민소매 주변 땀 냄새에 꼬여든 밤벌레보다 끈질겨
알알이 흩어지는 조난 신호는 하이얗게 치지직거린다

파도

내 방은 바다에 걸쳐 있다.
방문을 열면 파도가 포복으로 밀려든다.
형태를 잃고 포말처럼 부서지는 목소리를
나는 눈으로 찾아야 한다.
부서지면서도 기어이 들리고야
마는 소리, 언어의 굴곡이 파형과 퍽 닮았다.

띄어쓰기 같은 여백
구석진 누나의 자리
파도를 발성하느라
물결무늬 생채기가 팼다.
소리 내는 법을 여태 못다 배워
전해질 수 없는 설움을 간직했으리라.

파도의 체온이 내 것과는 달라서
흥건해진 귀가 앓는 일이 잦았고,
반고리관에 도는 혓바늘은
나의 지병이다.
죄책감은 그리도 어질거리는 것이라.

호흡을 따라 밀려오는 파도와
파도소리 눈으로 쫓는 소년을 안다.
동공 속에 동공을 넣고
눈으로 축축이 발음하던 소년을 안다.
물꽃 같은 슬픔이 괴어 있는
그 남매를 내가 안다.

파도가 파도를 얼싸안고
부서지는 포말이 포말을 낳아
한 아름 물살로 모이리니.
바다를 이루겠다.
하늘을 이고도
오늘을 솟구치는
수평선만치.

잃어버린 전시회
- 소리를 찾아드립니다 展

처음으로 눈을 뜬 순간
새하얀 전시장 안을 배회하는 사람들을 보았지
모두 사선으로 눈을 뜬 채
어딘가 방황하는 사람들

소리를 잃어버리신 분은 오른쪽으로 가십시오.

안내문을 읽으면 소리를 잃어버리곤 한다
그렇게 모두가 오른쪽으로 떨어지는 일
쪼개진 시선은 떨어지는 사람들을 붙잡고 늘어진다

왼쪽에는
낮인지 밤인지도 모른 채
찬란한 목소리를 축복하고 있다

먹먹해지는 귀를 잡아 뜯어낼 때
구석에서 차가운 기도 안을 들여다보는 아이들
빛바랜 축음기 속을 훔쳐보는 일도 마다하지 않았다

한 노숙자가 기어 온다 팔다리를 잃고서
목이 잘린 사진 앞에서 입을 뻐끔거린다
소리를 내고 닫는 일을 모르는 사람처럼
그 사람은 모두가 떠나도 계속 남아있다

눈이 마주치고
차갑게 식어버린 얼굴
그것은 안에 있는 것을 잡아 채야만
알 수 있다고 말한다

새로 뽑은 티켓이 손에서 녹아내리고 있다
천천히 절취선을 따라 뜯어내면
꿈의 조각이 찢어지는 소리가 들린다

동시에 뜨거운 소리를 끌어내며
호흡이 꿈으로 흩어진다

II

알맹이

당신이 혹여나 서운해할까
조심히 꺼낸 나의 알맹이가
당신의 알맹이에 닿을 수 있을까요
조심스러운 소리에 담은 알맹이가
당신의 껍질을 벗길 수 있을까요
너무 부드러우면 으스러져 버릴까요
너무 거칠면 흠집을 낼까 두려워요
무사히 닿도록 얇은 천을 덮어둘게요
당신이 천을 거둬주길 바랄게요
나의 목소리를 알아주세요
당신의 알맹이를 보듬어줄 나의 소리를요
기꺼이 나의 일부를 떼어낸 소리를요

산하엽

너무 일찍 깨버린 새벽
아침이 가득 차오르기도 전에
그대는 이미 고요하게 스며들고 있어요

순식간에 서리어 드는 애틋함이여
나의 자그마한 이슬비여
무엇을 걱정하기에 이리도 가늘게 오나요

하염없이 쏟아져 내리는 건
그대에게도 영영 아픈 일이던가요
자꾸만 그대를 잦아들게 만들던가요

물기 어린 마음으로 나를 불러주세요
그럼 나는 알기 쉬운 사랑이 될게요

얄궂은 모른 체도 않고
아주 잠깐의 주저도 않고
다만 가장 단순한 의미가 될게요

헤매지 않게 마중을 갈게요
나를 모두 알려줄게요
그대 오로지 사랑만 할 수 있도록

그러니 그 어떤 준비도 없이 오세요
소나기처럼 틈도 없이 오세요

물기 어린 목소리가 내게 닿는 그 순간
나는 그댈 위한 투명한 마음이에요

영의 대화

그대 고요한 목소리는
분명히 메아리쳐, 비로소
멀리 있는 내게 올 울림이야

다른 이는 듣지 못할
속삭이는 그대 두 눈은, 오직
나에게만 공명하는 진동이야

지친 나를 달래는 그대 손 끝에
맺힌 햇빛이 부르는 사랑 노래는, 진정
나를 품는 한낮의 떨림이야

여름의 이름

당신의 이름을 부르는 순간이 오면
가장 아름다운 입 모양으로 부를래요.
갓 태어난 아이의 살갗을 더듬듯이
갓 태어난 어버이의 손길들 같이.

자음 모음의 굴곡을 짚어서
이름이 초록으로 짙어가게요.
아픈 마음의 질감을 읊어서
이름이 푸름으로 옮아가게요.

슬픔의 주름을 하나씩 매만져서
바람결에 잔음으로 흩어지게요.
아픈 마음을 살포시 끌어안아서
파도 결에 잔잔히 사그라지게요.

당신의 여름을 부르는 순간이 오면
가장 아름다운 마음으로 스며들래요.
갓 피어난 초록의 잎 결을 보듬듯이
갓 피어난 마음의 여름을, 당신과 같이.

마리오네트 인형

너의 목소리 파동은
다른 이들과 달라서
일상에서 수척해진 나를
마리오네트 인형처럼
살아 움직이게 하고
아래로만 흘러내리던
입술선을 들어 올린다

내 귀에 맴도는 너의 목소리가
오늘도 나를 살아가게 한다

꽃들의 음성

세 아이의 장난감 만지는 소리 정말 신나요 미나리아재비
세 아이의 웃음소리 기쁨이 넘쳐요 흰 나팔꽃
세 아이의 발자국 소리 기분이 좋아요 데이지
세 아이의 밥 먹는 소리 천천히 다 먹을 거예요 갈풀
세 아이의 우는 소리 나를 사랑해 주세요 호랑이 꽃
세 아이가 아빠를 부르는 소리 같이 놀아요 진달래
세 아이가 엄마를 부르는 소리 예뻐요 스타티스
내가 남편을 부르는 소리 그대 있어 외롭지 않아 꽃담배
내가 엄마를 부르는 소리 언제나 사랑해요 패랭이 꽃

숨음

아, 이뻐라 그 소리에는
노란빛
또 사랑함이 묻어있어

잘 자라 그 소리에는
주황빛
또 사랑함이 묻어있어

드물게 목이 메여와
사이사이 숨은 것들이
마음대로 엉겨 붙어 보여질 때가 있어

속에 있는 것들이면서
숨길 수 없이 보여질 때가 있어

귀에 다다르기 전에
알 수 있게 되는 때가 있어

소리마다의 빛은
사이마다의 사랑은
눈꺼풀에 새어 나오고 있어

목소리, 봄

너를 홀로 좋아하던 무렵의 나는 그저 민들레 씨앗 같은 존재가 아니었을까 싶다. 너무 작고 사소해서 네게는 보이지도 않았겠지. 그러나 당시의 내 모든 바람은 분명 네 쪽으로 향했고, 그렇기에 네 곁으로 날아가는 일은 내게 불가항력적인 일이었다. 바람에 역행하는 민들레 씨앗이 없듯, 네게로 불어가는 바람결을 탄 채 나는 두둥실 떠 있을 뿐이었다. 벚꽃이 피어야만 봄인 건 아니구나, 그때 처음 알았다.

네가 내게 알려준, 봄이 지닌 첫 번째 목소리였다.

꿈속, 그대의

별들이 떨어지는 소리인가요.
빗방울이 떨어지는 소리인가요.

떨어진 별들은
빙글빙글 춤을 추고,
떨어진 빗방울들은
일렁이는 파도를 만들어,
가슴 가득 새겨집니다.

심장까지 꼭꼭 스며든 따스함은
귓가까지 울려 들리는 듯한,
머리카락 끝까지 간질이는 소리로 다가옵니다.

마치 별들과 빗방울의 앙상블.
아마 어젯밤 꿈속, 그대 목소리였겠지요.

준비운동

아침 해가 너무 강렬했기에
더욱더 어둡게 느껴지는 밤.

서로의 체온만으로는
나누지 못할 이야기가 많은 우리.

서로를 향한 감정을 표현하기 위해
우리는 문장 사이사이에
세상의 아름다움을 집어넣고,
그런 단어들을 찬미하며

살포시 속삭이겠지.
서로의 귓가에 속삭이겠지.

이제는 감긴 눈 위로
별빛이 스며드는 밤.

아까의 속삭임은
서로의 자장가가 되어
꿈속에서 길을 잃지 않게 해주고.

별이 햇빛에 제 몸을 감추면
눈꺼풀 위에 묻은 별빛을 털어내고
세상을 향해 발걸음을 내디딜
용기를 얻을 수 있기를.

발성학원

그거 아니?
대부분의 사람들은 가짜 목소리로 이야기한대

10분만 크게 이야기를 해도
쉬어버리는 목

목에 힘을 빼시고
목젖 부근이 떨리는 느낌이 나실 때
그 상태로 말씀을 하시면 됩니다

이마저도 너무 어려운 나는
들리니?
입을 닫고 이야기한다

가짜 목소리로 전달하고 싶지 않은 말들
가짜 목소리로 전달하고 싶지 않은 맘들

네가 들어주었음 한다

진짜 죽여버리고 싶어,
사랑한다는 뜻이었다

결국엔 사랑

 우물이라 부르는 목소리가 있었다 그래 그것은 분명 슬피 우는 작은 새의 소리 결핍의 산물 포식자를 만나지 못한 먹이의 찌꺼기 그는 숨어 들어왔다 방어도 경계도 무용지물 숨어든 포식자 무방비한 먹이 자기도 모르게 결핍을 잡아먹힌다 사랑을 한다 포식자의 굶주린 울음도 먹이의 구슬픈 울음도 결국엔 사랑사랑사랑 어느 동물들은 들리지 않는 주파수로 이야기를 나눈다지 우물이라 부르는 목소리가 있었다 그래 그것은 분명 슬피 우는 작은 우리들의 소리 사랑의 산물 미로 같은 삶에 갇힌 마지막 발악

소란

불현듯 네가 보고 싶은 밤이면
널 찾아가는 대신 수화기를 든다
여보세요 하는 너의 목소리엔
반가움과 기쁨과 약간의 피로가 뒤섞여있다

이제는 목소리만 들어도 네가
기쁜지, 슬픈지, 우울한지, 무슨 일이 있었는지
알 수 있는 그런 사이가 되어버렸다

몸은 떨어져 있어도 마음은 하나라고 했던가
소리를 통해 고스란히 전달되는
네 감정들을 느껴본다

우리 사이에 필연적으로
생길 수 밖에 없는 거리감
그걸 메꿔주는 게 소리인 것이다

벌써 새벽 세 시가 다 되어가지만
우리들의 소란은 그칠 줄을 모른다

심어둔 이명

당신의 말들이 견딜 수 없이 역겨워서
두 귀를 닫고 웅크려 투명해진 날들이 잦았다
적요가 고인 수면에 나를 빠뜨려 달라고

그럼에도 손등을 후비고 들어와 그 목소리
아아, 얼마나 생명력이 넘치던지
얼마나 날카롭게 갈아두었던지

당신은 내 심장을 쪼개 작은 스피커를 심었다
내게는 균열을 다시 헤집을 용기가 없음을
나보다 잘 알면서 당신의 이명을 심어두었다

정적이 문틈으로 비집고 기어들던 새벽
스피커의 파동이 심장을 쿡, 쿡, 찔러
모든 혈관에 말을 건네더라

사람들이 불현듯 가슴을 움켜쥐고 신음하는 건
그들의 맥박에 누군가의 목소리가
공명하는 까닭일지도 모른다

매듭짓지 못한 삶이 팔딱거리며 요동칠 때마다
당신의 음성으로 하나씩 하나씩 글자를 내뱉는다
너, 는, 내, 게, 서, 도, 망, 칠, 수, 없, 어.

그러나 구역질에 눈물 삼키면서도
너절한 심장, 버리지 못하는 것은
타자의 목소리 하나 그 안에 싹이 터 날 불러준다는 데야

일방적 대화

쉬워서 빨리 배운다

울고 웃으며
화내기도 하며
영영 듣기 싫다가도
없으면 안 된다고 하니
우스꽝스럽기 짝이 없다

처음 듣던 때를
복기할 때마다
눈과 입이 둥둥 들떠있다

미숙한 몸이
마음대로 따라주지 않아
엉금엉금 걷다
넘어지다 다시 기어가다

눈은 절대 떼지 않고
가는 걸음 멈추지 않고
세상 행복한 얼굴로

그때
세상에서
제일 어눌하고
가장 미숙했던
나의 첫소리

엄마

너를 듣다

그런 아이가 있었다

제 목소리에 콤플렉스가 있어
항상 주눅이 든 채
작게 속삭이듯 말하던 아이

자기소개는 물론
큰소리로 발표하는 걸 두려워했고
대화 속에선 표정으로만 말하던 아이

처음엔 괜한 호기심에
다음엔 괜한 오기에
그 목소리가 듣고 싶어서

처음 그 목소리를 들었을 땐
해낸 것 같아 뿌듯했고

다음 그 목소리를 들었을 땐
왠지 모를 끌림에 신기했고

지금 이 목소리를 들으니
그냥 좋다

언젠가 그 아이는
목소리 콤플렉스를 고백했고
나는 그렇게 답했다

나는 좋아, 네 목소리.

호기심에 오기에
결국엔 너를 들었던 그때와
너를 듣는 지금의 차이는

그냥 대화 한번 하고 싶었던 관심에서
너에게 더욱 빠져들게 한 계기가 되었으니까
그렇게 지금 네 옆에 있으니까

너의 이야기에
귀를 기울이기보단

그저 너를 듣는 것에
귀를 기울이는

너를 듣는 것만으로도
그냥 좋다

바람

너에게 전하지 못한 것들은
내가 앓는 밤이면 흘러나와 베개를 적셨다

세제와 물로 털어냈다 생각했던 것들은
베갯잇을 비추던 햇볕 탄 채로
알 수 없는 입자가 되어 날아갔을 지 모른다

제일 먼저 비를 만나고
매캐하게 늙어가는 봄바람을 만나고
푸르스름 타오르는 달을 바라보다
도시 한 켠의 물웅덩이에 잠시 빠진 뒤
어제의 태양을 다시 만나 몸을 일으켰는지 모른다

꽃이 지고 돋아나는 신록 사이에
나를 떠난 그것들은 스며들어
집으로 돌아가는 길에 너를 만났을지 모른다

그네들은 그네들의 언어로 너를 불러서
너는 집으로 가던 길을 멈추지 않고

나의 방 한편에선 또 다른 날의 목소리가 나를 떠났다
언젠가 너의 귀를 간지럽히는 바람 있다면
그건 나에게서 너에게로 부는 내 목소리일지 모른다

목소리

입술을 웃듯이
겨울 창 틈에서 드는 소리

입천장에 혀를 살짝 부딪다가
낙엽이 바스락거리는 소리

윗니를 치고 지나서
파도가 뒷걸음질 치는 소리

부르다가 태어났다

우주의 약어略語

당신의 이름

III

부를 수 없는 이름

함께 보냈던 계절 위로
기억의 사체들이 하나둘 떠오른다
네 언어들이 머릿속을 돌고
또 돌고

잊지 못한 목소리는 평생 이명耳鳴
끈질긴 환청처럼
음성의 파편을 줍느라
새벽은 여전히 시퍼런 색이다

가끔 네 이름을 입속으로 굴린다
자음을 따라 녹슬어버린 혀
세상에서 가장 서글픈 묵음

남겨진 채로 산다는 것은
살아간다는 것은
나와 반대로 미끄러지던 그 억양
짓눌린 웃음소리는 여전한지
뜬눈으로 묻는 안부마저 시가 되는 일

바스락

종종거리는 발짓에
안쓰럽다는 눈짓도
이제는 쓸모가 없다
밟히고 밟힐 뿐
어디 정착하지 못하는
한낱 자존심에 불과하다
너를 울리고 일어서려
모진 힘을 다하다,
팔목이 부러져 내심
부끄러운 안도를 품는다
다시 서성이고 떠나는 길엔
어딘가 위에라도 서겠노라,
낙엽 한 자락을 바스락 밟고
작은 시를 뱉어낸다

색청

 목소리에는 색깔이 있다. 어릴 적 옆집에 살던 아이는 노랬고 좋아하는 가수는 회색이다. 너는 파랬다. 네 낮은 목소리는 이내 나의 마음을 진정시키곤 했다. 잔잔한 파도같이. 나의 전라에 너의 호흡이 닿을 때면 푸른 빛깔 같은 것이 내 안에 들어오곤 했다. 그것은 한겨울에 부는 따뜻한 바람 같아서 차마 거부할 수가 없더라. 우린 헤어지고도 꽤 오래 연락을 주고받았는데, 너의 목소리가 점점 하얗게 바뀌어 가는 걸 보곤 연락을 끊었다. 네가 내리는 눈이 너무 차가워서 도무지 견딜 수가 없더라. 사람은 참 다양한 형태로 변하는구나 생각했다. 그것은 청각으로 시각으로 느껴지더라.

 너에게 나는 어땠을까. 옆집의 그 아이가 기억하는 내 목소리의 색깔과 네가 기억하는 내 목소리의 색깔은 같을까. 너와 처음 만났을 때 내 목소리와 마지막 만남에서 느꼈을 내 목소리의 색깔은 같을까.

 그리고 당신은. 인생의 어느 갈피에서 지나쳤던 사람을 마주쳤을 때, 그 사람은 당신을 어떻게 기억할까.

영원

내가 당신의 목소리가 될 수 있을까요.

말하는 사이 너는 사라져버렸다. 잠깐 고개를 들었다. 꺼져버린 땅처럼 혹은 해가 뜨고 사라지는 땅거미들처럼 주고 싶은데, 주고 싶은데 그게 잘 안된다고 말하면서.

목소리가 사라진 나날들은 조금 외롭다. 누군가 내게 준 온기만을 가지고 밤을 지내야 하기 때문에 땀을 뻘뻘 흘리며 더운 여름날 장갑을 끼고 온기를 잃지 않으려 노력하고 있다.

네가 내게 말했다. 어차피 사라질 것들을 품을 필요 없다고. 그치만 네가 준거잖아. 그때의 나는 조금 미쳐있어서 수평선 너머로 사라지는 것들을 모두 붙잡으려 했기 때문에 네가 준 모든 것들을 잃고 싶지 않았다. 그래서 너의 음성을 움켜잡았다. 나는 목소리를 얻었고 너는 잃었다. 이제 나는 너의 온기를 간직하지 못한다. 장갑을 껴도 마찬가지다.

네게 장갑을 건넸다. 손이 너무 작았다.

허기지다

울림이 없는 잔바람이 불어
마음에 허기가 들었다.

고개를 돌려 마주해야

입은 뻐끔이고 있구나.
겨우 알 수 있었다.

사계절은 색깔 없이 흘러가고
돌아오는 봄에도 민들레는 공포에 떨고 있는데
몸을 뒤집어 헤엄치면 처음 만난 붉은 빛에 닿을 수 있을까.

여전히 붉은 빛으로
너의 입술은 반짝이는데

움직이는 혓바닥을 노려보아도
진정 나를 끊으려는 듯
너의 목소리는 누워있었다.

빈 소리

나는 말했다
너는 듣지 못했다

나는 말했다
너는 듣지 않았다

네 목소리가 듣고 싶어
내 목소리를 내었다

내 목소리만 들려 외로움 속에 갇힌 나는
외로이 차가운 물 속으로 들어갔다

이젠 들리지 않는 내 목소리를
네가 그리워한다면, 나는 크게 외치겠다
어둠이 깊은 곳에서 더 크게 외치겠다

사랑했노라고
그리고 지금도 사랑한다고

인어

목소리를 빼앗긴 바람에
얻은 게 무엇이야

목소리도 없는 우리가
무신 사람이여

우리는 사람이 아니라
인어지

물속에서 발만 허우적대는
인어지

네가 들리지 않으면 좋겠다

어스레한 침대 맡 지직거리는 전자파 한 무더기
뭉근한 물안개 앞 희뿌옇게 번지는 날벌레 그림자

귓가로 날아와서 속삭이는 굶주림
손위로 달라붙어 오물대는 달큰함

감상에 젖은 새벽녘의
환상임을 알기에

다시 오지 않을 그 날의
잔상임을 알기에

나는,

사뿐사뿐 피어난 꽃망울 위 날갯짓
옹기종기 모여든 별방울 사이 달무리

눈가를 어지럽히는 분주함
온몸을 움츠리는 서늘함

그 모든 너의
지저귐을 알기에

내내 속삭이던
노래임을 알기에

나는,

네가 들리지 않으면 좋겠다

이 떨림은 너일까 나일까

네 목소리의 미세한 떨림이
내게 닿아 가슴 한 구석을 때린다
나는 네가 얼마나 좋길래
너조차도 모르는 그 음의 떨림과
내 심장의 요동을 구분하지 못하는 걸까
네 사랑이 변져버리는 날이 와도
그 떨림은 선명히 남아 있겠지
그 떨림이 더 이상 나를 향하지 않아도
또 다른 떨림이 내게 닿겠지
허나 그 작은 떨림 하나라도 내게 닿는다면
난 그 음의 떨림을 내 가슴에 묻고 살아가리

그리운 목소리

귀를 가까이 해도
들리지 않는 목소리

세월의 나이테가
쌓인 정겨운 음성은

저릿함으로 다가와
덩그라니 남은 그리움

힘들었던 두 어깨를
기대보려 하지만

커버린 머릿속에
목소리의 주름은
사라진 지 오래

새파란

야 파도야
나는 네 새파란 목소리가 그렇게 좋더라

땅 위에 핀 민들레부터
땅 아래의 죽은 자까지
다 사랑하는 네가
유독 나에게만 푸르러서

야 하늘아
그래도 나는 네 새파란 목소리가 좋더라

네가 너무 푸르러서
짙은 동해바다부터
그 너머 끝 모를 지평선까지
다 사랑해버린 나는

결국
파도거품처럼 산산이 부서진다

그 사실을
새파란, 푸르른, 청명한
네 목소리만이 몰라

나는 오늘도
파란 울음을 삼킨다

목소리

이제는 어렴풋이 생각나는 당신의 목소리
30년을 들었음에도 가물가물해지는 목소리

잊어버리지 않겠다고
잊히지 않을 거라 생각했던
그 목소리가 세월이 지나감에
자연스레 바람처럼 흘러가 버렸다

흘러가고 또 흘러가
한 번쯤 다시 돌아올 목소리를 기다린다

다시 돌아올 목소리엔
당신의 마음도 함께 담아져 오기를 바란다

꿈처럼 당신도 함께 돌아오길 바란다

목소리의 잔상

이제는 들을 수 없는
목소리를 따라
별이 떴다.

너가 죽은 지 꼬박
49일이 되는 날에
밤을 허문다.

목소리의 잔상은
짓이겨진 추억을
새로 오려 붙였다.

공기라는 공백을 타고
멀리 떨어진 두 영혼을
목소리 하나로 붙들어 매
살으라고, 살으라고
어찌도 애원했는지 모른다.

이제는 듣지 못하는
목소리를 따라
또다시 새벽별이 진다.

음성 메세지

엄마
저 컴퓨터 너머
일하는 사람은 아주 예민해
궁시렁 소리가 키보드를 타고 넘어와

엄마
윗집 사람은 노래를 잘 부르더라고
그래도 새벽에 삼단 고음은 너무하더라

엄마
당신도 항상 짜증이 넘쳐났고
흥이 많았었지
세상 불만과 행복을 혼자 다 가진 듯

사실 근데
이젠 가물가물하더라

엄마
저 사진 속 당신이

하하 웃었었나? 깔깔 굴렀었나?
소리를 질렀던가 흐느껴 울었던가

연락 좀 받아
전화기 너머에
들리던
당신의 천진한 물음이
더 이상 들리지 않아

약속은 이유가 없기도 하지요

1
당신은 내게로 걸어옵니다
꽃다발 한 아름을 안겨줍니다
이유는 없답니다

꽃다발은 언제 받는 것인가

이름 앞에 새로운 수식어를 붙이는 날 혹은 붙어있던 수식어를 떼는 날
새로운 누군가를 만나는 날 혹은 익숙한 누군가를 보내는 날
누군가 태어난 날 혹은 누군가 죽은 날

탄생이 죽음 같다는 걸까 죽음이 탄생 같다는 걸까

장례식장 입구에는 왜 화환이 있죠?
그것도 품에 다 안지도 못할 큰 화환이요
저승으로 행진하는 길에 꽃잎을 뿌려달라는 망자의 말이던가요

혹은 받지도 못할 마지막 선물을 가장 성대하게 주려는 남겨진 자의 마음인가요?

대답해봐요, 당신

이유는, 없답니다
나를 꼭 안아줍니다
당신은 내게서 걸어갑니다

2
또 봐요, 우리.

그 목소리의 주인이 누구인지는 모르겠습니다
내가 당신에게, 그리고 당신이 나에게 하는 말이겠지요
나는 발치에 꽃다발을 두고 돌아섭니다

여름 가을 겨울이 지나도
다시 이 꽃다발을 찾아오기로.

울음과 물음 사이

 향수 대신 당신을 온몸에 묻히고 서러운 날에는 술 대신 당신을 삼켰더랬지 밤새 목구멍을 타고 스멀스멀 올라오는 당신 냄새에 의미 없이 방바닥을 쓸다가 달아오른 뺨을 방바닥에 대고 나는 물었어 잘 지내니, 떨리는 내 성대를 타고 넘어온 것이 당신 목소리여서 나는 간절히 내 이름을 불렀지 방안에 가득히 당신 목소리가 차고 코끝에 머물러 울렸을 때 잘 지내냐는 물음이 문턱을 넘지 않고 다시 목에 박혀, 나는 이제 나를 사랑할 수 있게 되었다고 대답했어

 내가 당신이 되어서 나를 사랑하면
 당신의 목소리로 내 이름을 부르면 나는 이제 울지 않을 수 있지 않을까 해서
 별이 떨어지는 순간마다 사람들의 소원이 달려, 추락하는 모습이 누군가의 소원이 되는 것처럼
 내가 당신의 목소리를 달고 떨어지면 나는, 나는 당신의 꿈이 될 수 있지도 않을까 해서

미수에 그친 애정이 창틈으로 울었다

맞잡은 손이 뻣뻣했다
귓바퀴를 도는 바람에 몸이 떨었다
뒤틀린 창은 기묘한 박자감으로 노래하고
보일러 소리가 무색하게 온기는 자리를 비웠다

드문 숨에 뒤척임이 말라갔다
잠의 아구를 갈라 속을 잡아챈다

공중을 휘젓는 팔과 적막을 견디지 못하는 말
부유하는 마음과 섬멸하는 시야
불명의 질병과 불멸의 질병
미안하다는 말은 앞뒤가 맞지 않아

삶을 말하던 당신이 죽음을 말했다

겨울이 유난스레 길던 해
미수에 그친 애정이 창틈으로 울었다

울음 꽃

잘, 지내고 있나요 당신?
어둠이 내려앉은 밤, 흐느끼는 목소리를 들었어요. 새어 나온 울음이었지요.
홀로 몰래 울던 그날 밤, 당신의 심정은 어땠나요?
저는 애써 모른 척 외면했어요.

들리는 척한다고 들리지 않는 게 아닌데, 그땐 그래야 할 것 같았거든요.
어린아이 마냥 목 놓아 울던 그날의 기억은 생생해요.
아마 기댈 곳이 필요했겠지요.
아무 말 없이 마음을 다독여줄 사람이 간절했을 거예요.

철없는 제 옆을 지켜주던 사람은 오직 당신뿐이었는데.
당연한 거라 생각하던 제가 원망스러워요.
먹는 모습만 봐도 배부르다며 먹지 않던 걸 그저 배불러 먹지 않는 줄 알았어요.
먹다 남은 반찬에 차게 식은 밥을 외로이 먹던 당신을 미처 알지 못했어요.
이제껏 몰라줘서 너무 미안해요.

좋아하는 프리지어 한 송이 사다 줄 생각도 하지 못했던 저라서요.

자라나는 꽃들을 보며 미소 짓던 마음을 이제야 알 것 같아요.

죽어가는 마음에도 끊임없이 물을 주고 있었던 거였군요.

당신, 늦었지만 우리 더 이상은 시들지 말아요.

고통스러운 울음이 결국엔 저를 피워냈으니까요.

음성 사서함

지나치게 다정한 목소리에 한참을 헤매고 눈을 떠보면 맥락 없이도 찢어진 눈꼬리를 한껏 반달 모양으로 접어 선명히 웃어 보이는 당신이 있었음에 매 순간 나는 불안감에 이어 안도감이라는 감정의 공존에 적셔졌다 나의 존재를 세상에 다시금 각인시켜 주려는 당신이 불렀던 내 이름과 낭만 따위 존재할 리 없는 내 세상에도 낭만이라는 걸 알려 준 당신의 시답잖던 사랑 고백 한마디에도 난 또 한참을 앓았다 이유 모를 열병의 모든 순간의 시작과 끝에는 늘 항상 당신이 그려낸 선율의 목소리가 존재함을 애서 부정하려 했던 까닭은 한참을 헤매고 눈을 떴을 때 당신의 부재를 증명해 보이기 싫었기에 난 거짓된 음성의 뒤를 줄곧 쫓아왔다 지나치게 다정한 당신이 남긴 살아생전 유언들의 음표들이 하나 둘 지워지니 이젠 그를 연주해낼 방법마저 없을 터인데 희미하게 남은 목소리는 나를 지우고 낭만을 없애고 나의 목소리를 지웠다 끝까지 사람 무너뜨리는 말 한마디 참 잘한다며 비아냥거리는 말 한마디 못하고 날 살려내고 다시 날 죽이려 들던 당신의 목소리에 삼켜왔던 애증의감정 또한 실토하지 못 했다 아직도 나에겐 지나치게 다정했던 그 음성들이 아리도록 박혀있는데 아무도 당신의 목소리를 기억하지 못 한단다 지나치게 다정해서 나를 그리도 아프게 했던 당신의 목소리가

오로지 나에게만 박혀있다

흔적

그대가 머물던 내 마음
꽤 깊은 동굴이었을까

그대가 남긴 목소리
여전히 메아리쳐 울리는 것은

비명

그래 오늘은 눈이 푹푹 나리고
나는 당신을 사랑은 하고
세상 같은 건 더러워 버리는 것이고
그렇대도 내가 백석이 될 순 없잖아 당신은 나타샤도 기생도 아니니
어쩔 수 없지 차라리 보니하고 클라이드가 되어 눈부시고 역겨운 은행을 털어버리는 거야 마음껏 총알을 갈겨보라지 터지는 고막에 각자 27발씩을 맞고 포개어 쓰러지면 돼 벌들을 삼켜서 우리는 집이 되고

목구멍에 날개가 스치는 게 느껴져?

그것도 지겨워지면 당신은 찰스를 해 그럼 나는 금발의 다이애나― 내가 숨겨둔 애인을 태우고 첨탑 위를 질주하다 폭발하면 당신
그 길다란 얼굴로 말처럼 슬퍼 줘
어디까지나 왕족은 왕족 아무것도 흘려서는 안 돼
그래 그러니까 오늘 어데서 흰 당나귀가 응앙응앙 울어도 우리는 백석과 나타샤가 될 수 없다고

言의 *游泳*

命을 잃은 파도가 들이닥친 심장은 늘 들끓어 재난이 드리웠고 누구도 읽지 않을 책의 목차를 다시 정의하기로 했다 도대체 사랑한다며 입 밖으로 토해내지 못해 괴로워하는 나의 죽어가는 나타샤의 자흑색 머리를 몇 가닥 뽑아 잘근잘근 씹어 먹었다

아이시떼

아이시떼···.

나타샤를 책과 함께 겨울 바다에 묻어버렸다 다시 말해 내가 나타샤를 죽였다는 것이다 가엾은 나타샤는 익사한다 냉소한 눈으로 아가미를 서투르게 펄떡거리기만 했다

애인에게선 물비린내가 났다 나타샤는 점점 나타샤를 잃어갔다 그녀는 대답하는 방법을 몰랐다 두 눈마저 뜯긴 나의 어린 애인은 이제 아무것도 할 수 없었다

아마 여생을 우리는 낡은 아가미가 덜렁거리는 채로 익사하겠지

때문에 사랑한다는 말이 파동 하는 심해의 중추에서 그렇게 우리는 사랑을 이어갔다 나는 다시 나타샤에게로 밀려간다 파도는 온통 다정함을 잃어버린 채로 달이 무자비하게 바다를 끌어안은 채로

나타샤는 나타샤를 잃어버린 채로…….

파도시집선 004

목소리

초판 1쇄 발행 2021년 6월 21일 하지
　　3쇄 발행 2024년 6월 30일

지 은 이　| 김청연 외 57명
펴 낸 곳　| 파도
편　　집　| 길보배
등록번호　| 제 2020-000013호
주　　소　| 서울특별시 용산구 서빙고로73길 35-20
전자우편　| seeyoursea@naver.com
I S B N　| 979-11-970321-6-5 (03810)

값 10,000원

ⓒ 파도, 2021. Printed in seoul, korea.

* 이 책의 판권은 지은이와 파도에게 있습니다. 양측의 서면 동의 없는 무단 전재 및 복제를 금합니다.
* 맞춤법과 띄어쓰기는 원본에서 기인하였습니다.
* 파도시집선 참여 작가들의 인세는 매년 기부됩니다.